AF340356

UN ANGE

RETOURNÉ AU CIEL

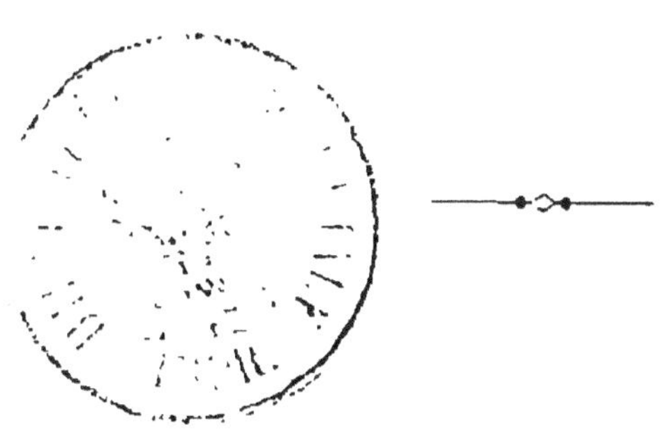

Elle était entre sa dix-septième et sa dix-huitième
année. Les dons les plus heureux de la grâce et de
nature embellissaient sa jeunesse ; on eût dit un
ge égaré au milieu des sentiers du monde, une
rte de Béatrix dont le Dante aurait pu dire comme
son héroïne : *On ne pouvait passer près d'elle
ns se sentir l'âme plus grande et le cœur plus pur.*
La Providence divine lui avait donné en ce monde
le place privilégiée ; mais elle l'avait encore plus
ondamment pourvue du côté de l'âme. Distinc-
on de l'esprit et simplicité du cœur, modestie ins-
rant une sorte de vénération et amabilité captivant

toutes les sympathies, maturité de la pensée ⟨
charme ineffable d'une nature restée enfantine, el⟨
avait tout ce qui fait la gloire d'une adolescenc⟨
chrétienne et tout ce qui peut contribuer au bonheu⟨
d'une famille. Sa piété avait un caractère de can⟨
deur et de loyauté admirables. Elle servait Dieu ave⟨
une fidélité ignorante d'elle-même, sans soupçonne⟨
qu'il pût y avoir à cela le moindre mérite, tant l⟨
sentiment du devoir avait de bonne heure pénétr⟨
profondément sa conscience et tant son âme ava⟨
de facilité à se tourner vers Dieu.

Et cette enfant n'est plus! Trois êtres qui vivaie⟨
pour elle et par elle : une mère digne à tous égar⟨
de garder un semblable trésor, un père qui ava⟨
mis en sa fille ses plus chères espérances et q⟨
hors d'elle ne voulait d'aucun plaisir, un aïeul v⟨
nérable plusieurs fois blessé aux parties les pl⟨
vives du cœur et qui trouvait son bonheur à vo⟨
grandir celle qui était déjà l'orgueil et la lumiè⟨
de sa vieillesse, sont là, dans la solitude de leu⟨
maison, entourés des sympathies les plus vive⟨
mais ne voulant pas être consolés, et pensant qu'⟨
près la joie de posséder une fille unique aussi pa⟨
faite, rien ne vaut l'amère consolation de la pleure⟨
toujours.

« O foi sainte, ô très-douce religion de Jésu⟨
» Christ! Sans vos promesses immortelles et la vert⟨
» de vos enseignements, cette famille désolée, n⟨
» guère objet de tant de félicitations, aujourd'hu⟨

» de tant de larmes, serait conduite au désespoir
» par la voie de la douleur. Mais vous lui donnerez
» la force de vivre et de souffrir, et regardant le
» ciel de ses yeux humides, elle dira avec une con-
» fiance résignée : Bienheureux ceux qui meurent
» dans le Seigneur : *Beati qui in Domino moriuntur.* »

Mais, ces lignes tracées d'une main émue, je
m'aperçois que tout entier à contempler, à travers
mes larmes, et l'image souriante de la jeune morte
et le tableau de sa famille dévastée, j'ai omis jus-
qu'ici de dire son nom. — Son nom, bon nombre
de personnes l'ont déjà prononcé dans leur cœur.
— Il est connu, aimé, béni, en beaucoup d'endroits.
Nombre de malheureux ne l'oublieront jamais, surtout dans les paroisses de Belvès et de Gardegan en
Castillonnais, et dans celle de Soussans en Médoc,
et parleront longtemps de mademoiselle Suzanne-
Marie de Gastebois, leur douce bienfaitrice.

Oh! qu'elle représentait bien la bonté tradition-
nelle de sa famille! Et quand les pauvres, qui
savent si bien le chemin des châteaux de la Tour
de Mons et de la Pierrière, allaient frapper à la
porte des deux manoirs, qu'ils étaient heureux
d'être accueillis, sur le seuil, par cet ange de cha-
rité! On eût dit le génie de l'antique maison souriant
à la misère avant de la secourir et faisant l'aumône
de l'affection avant celle de l'argent et du pain!

Tout cela était trop beau et ne pouvait pas avoir
de durée. On a dit que *la Joie fait peur*, et on a eu

raison ; malheureusement on l'oublie toujours, et sur le bonheur présent on bâtit de magnifiques projets. La mort arrive, qui souffle sur le fragile échafaudage, et l'on s'aperçoit trop tard qu'ici-bas il n'y a que des bonheurs commencés, et qu'on ne peut y être complétement heureux qu'en espérance. Rêves évanouis, projets renversés, existences brisées, cœurs meurtris, n'est-ce pas là l'histoire de la vie? Quand donc saurons-nous dédaigner cette terre où tout se perd, et aimer uniquement le ciel où tout se retrouve?

Mademoiselle de Gastebois fut l'œuvre de la grâce de Dieu et d'une sollicitude aussi tendre qu'élevée. Elle ne quitta jamais le foyer de sa famille. Là une âme, aujourd'hui cruellement atteinte, aida sa mère, avec une rare intelligence et un affectueux dévouement, dans l'œuvre de son éducation. Par une faveur à laquelle lui donnaient droit des souvenirs de famille qui étaient sacrés, elle fit sa première communion dans la communauté des Dames de la Foi, et Dieu sait quel souvenir ont gardé de sa piété les personnes qui eurent à s'occuper de son âme. Je sais des affections, aujourd'hui inconsolables, qui datent de cette époque, et qui montrent quelle séduction puissante excitait cette enfant par la douceur de sa piété et les charmes de son heureuse nature.

Depuis ce jour, qu'elle ne cessa de regarder comme le plus beau de sa vie, son histoire peut se résumer en quelques mots : elle a toujours servi Dieu et toujours dédaigné les joies du monde, elle a édifié partout, elle a illuminé d'un rayon de bonheur les lieux où elle a vécu, elle a beaucoup aimé et a été beaucoup aimée ; enfin, à son insu, et par ses qualités elles-mêmes, elle a préparé à ses parents dont elle était la vie, à ses amis dont elle s'attirait tout à la fois l'affection et le respect, à ceux qui la connaissaient à peine, les plus douloureux déchirements et le sacrifice le plus cruel.

Qui eût pensé, il y a quinze jours, que tant d'amabilités allaient disparaître, que cette âme, dont la terre n'était pas digne, allait prendre son vol vers le ciel, et que la tombe allait engloutir un avenir si fortuné et de si magnifiques espérances ? « O vous, » qui voyez les larmes de ceux qui pleurent, Sei- » gneur, soyez béni ! nous vous rendons grâce pour » nous avoir fait connaître une si sainte créature, » et, puisque de Vous, sagesse infinie, bonté parfaite, » il ne peut venir que le bien, nous adorons vos » décrets impénétrables et nous baisons votre main, » même quand elle frappe un coup si terrible ! »

Mais le mal commence son œuvre… D'une nature peu dangereuse, durant les premiers jours, il semble vouloir disparaître, sans presque avoir alarmé la tendresse maternelle, quand tout à coup il ressaisit sa victime avec une force désespérante. La science lutte, la piété se tourne vers Dieu avec des supplications attendrissantes, on prie partout, tout est inutile... Le sacrifice est ordonné, et le ciel attend sa victime...

Cependant la pauvre malade semblait n'avoir d'autre souci que de cacher son mal à ceux qui l'aimaient. La seule concession qu'elle fit à sa position, dont elle avait conscience, était d'embrasser avec un redoublement de tendresse ceux dont elle sentait qu'elle allait se séparer. On eût dit que durant les heures qui lui restaient à vivre, elle voulait accumuler les témoignages d'affection filiale qu'une plus longue vie lui eût permis de prodiguer. D'ailleurs, elle s'occupait de Dieu, priait la très-sainte Vierge, dont elle avait voulu avoir l'image entre les mains, purifiait son âme au sacrement de la Pénitence et se montrait aimable et gracieuse, nous en avons fait la douce expérience, à tous ceux qui l'approchaient.

Enfin, après une dernière lueur d'espérance, trop tôt évanouie, le moment suprême est venu. C'est encore la nuit, mais le prêtre est là, portant le Pain des anges à la mourante, qui se ranime à son approche, et reçoit son Dieu avec d'inexprimables transports. — *Vite, vite!... Quelle Pâque, quelle Pâque!! O mon Dieu, que je vous remercie!* et, embrasée d'amour, elle se perd dans un repos qui ressemble à une extase. Ensuite elle reçoit, silencieuse et anéantie, l'onction sainte et l'indulgence des mourants, et, tout cela terminé, elle appelle autour de son lit sa mère, son père, son aïeul et les amis qui entourent sa couche. — Alors quel dialogue entre la mère et la fille! quels adieux au milieu des sanglots! quels baisers noyés dans les larmes! Enfin quelle prière échappée des lèvres de l'enfant qui va expirer : *Voilà que je m'envole, mon Dieu. mon Dieu, que les miens meurent dans la bonne voie!* — Alors ses paupières se ferment, sa bouche s'incline, comme pour lui donner un dernier baiser. sur le crucifix reposant sur sa poitrine ; il se fait un moment de silence, tout est consommé!... En ce moment le lit funèbre devient un autel véritable. Les assistants s'agenouillent comme pour l'oblation d'une pure hostie, et une voix s'élève, une voix maternelle, la seule qui eût le droit de se faire entendre, qui offre à Dieu l'âme qui vient de partir.

Quel spectacle et quelles émotions!... Encore. que de choses il faut taire pour laisser à certains détails leur parfum intime et en couvrir d'autres de l'ombre sainte du sanctuaire domestique... Le surlendemain, c'est-à-dire le jour de l'Annonciation de la sainte Vierge, à neuf heures, une pompe virginale conduisait au pied des autels la dépouille mortelle, qu'entouraient quatre jeunes filles, ou plutôt quatre anges, qu'on eût dit tout exprès descendus du ciel après avoir caché leurs ailes. Tout autour, la foule était innombrable, il semblait qu'un parfum céleste attirait même les indifférents autour de ce cercueil. Le cortége, composé de ce que Bordeaux et les environs comptent de plus noble, de plus pieux, de plus vénérable, suivait, en montrant par son attitude la part qu'il prenait à l'immense douleur d'une famille universellement aimée.

La cérémonie religieuse une fois accomplie avec cette majestueuse tristesse et cette douceur infinie dont sont empreintes les prières de l'Église, le corps fut mis dans un char des pompes funèbres et dirigé vers la paroisse de Soussans, où il devait être inhumé dans un caveau de famille. Cette fois le deuil était conduit par le père et la mère eux-mêmes, qui n'avaient voulu, héroïque et touchante résolution, se séparer que le plus tard possible des restes de leur fille bien-aimée.

A Soussans, toute la population était sur pied. C'était un deuil profond dans cette paroisse, où la jeune fille avait conquis, comme partout, les sympathies publiques. L'office des morts fut encore chanté à l'église, puis le cortége prit la route du château. Quelle tristesse partout! Il semblait que la solitude pleurait la mort prématurée de celle qui avait été son ornement. On se rendit à la chapelle : le père, la mère, les parents et les amis venus de Bordeaux y prirent place, et, après les dernières prières, une voix s'éleva du pied de l'autel pour dire quelques paroles de consolation et d'espérance. — Ce ne fut pas un éloge funèbre comme ceux que l'on entend quelquefois, mais d'abord un élan plein d'émotion et un commentaire, arrosé de larmes, de ce mot du Sauveur : *Cette enfant n'est pas morte, elle n'est qu'endormie; non est mortua puella, sed dormit.* — Puis, conviant l'auditoire à regarder vers le ciel, le prêtre montra l'âme de Suzanne-Marie s'élevant vers Dieu avec la beauté et la blancheur de la colombe, et laissant ici-bas, parmi les siens, les suaves parfums de ses vertus : *vidi speciosam sicut columbam ascendentem de super rivos aquarum, cujus inestimabilis odor erat nimis in vestimentis suis.*

Ce dernier mot fut un soulagement pour tous, et pour celui qui le dit et pour ceux qui l'entendirent. — Plaise à Dieu, surtout, qu'il ait trouvé le chemin des cœurs si cruellement brisés qui étaient là, et que l'écho en retentisse souvent dans l'âme d'un aïeul, d'un père et d'une mère, dont nous serions heureux, non pas de consoler, mais d'adoucir la douleur :

Non est mortua puella, sed dormit.

26 mars 1867.   P.-M. G.

SOUVENIR !

Elle avait dix-sept ans ! Sur son visage d'ange,
Rayonnaient la beauté, la grâce et la candeur :
Aussi Dieu l'a-t-il jointe à la sainte phalange
Qui sur des harpes d'or célèbre sa grandeur.
Hélas ! pourquoi faut-il que ses vertus, ses charmes.
Ne soient plus aujourd'hui, pour ses tristes parents,
Qu'un sujet de regrets sans cesse renaissants,
    Qu'un sujet d'éternelles larmes !

Mon Dieu ! qui m'aurait dit, quand, fraîche et souriante.
Par sa douce magie elle enchaînait mon cœur,
Que le doux souvenir de cette enfant charmante
Serait bientôt l'objet d'une amère douleur.
Oh ! que de cœurs brisés, lorsque quittant la terre,
Notre ange a secoué la poudre d'ici-bas !
De pareilles douleurs ne se consolent pas :
    Pleurez donc, pleurez, pauvre mère !

Aussi tu l'as pleurée : et, qu'un mot t'y ramène,
Cette perte et ce deuil recommencent pour toi ;
Ton cœur saigne. Il est vrai que ta foi surhumaine
S'incline en adorant : mais il te faut ta foi.

Elle en est rafraîchie en son sommeil suprême :
La paix qui l'environne est plus douce à son cœur ;
Et, confiante en Dieu qui la veille lui-même,
Elle attend, elle espère, et sourit au bonheur.

Pour l'œil humain épris des charmes de la terre,
Elle était ravissante : elle l'est plus encor.
Depuis qu'elle a passé par ce creuset austère,
L'alliage n'est plus : il n'est resté que l'or.

Ses traits se sont refaits et reflètent son rêve.
La mort cède la place à l'immortalité.
Sa beauté se complète et l'idéal s'achève ;
C'est la grâce ingénue, et c'est la majesté.

Dieu transforme son œuvre. Artiste incomparable,
Il descend et s'enferme en la nuit du tombeau ;
Et modèle en secret la splendeur immuable
Dont il veut la vêtir pour son ciel le plus beau.

Rien n'égale l'éclat du vêtement de gloire
Sous lequel apparaît l'élu transfiguré :
Mystérieux tissu qui garde la mémoire
Du plus humble bienfait par le Christ inspiré.

C'est le sien. Elle fut tendre et compatissante,
Sur le pauvre et l'enfant son regard s'arrêtait.
Si l'aumône glissait de sa main caressante,
De son cœur, avant tout, un chaud rayon partait.

Ainsi de son Sauveur elle a suivi la trace ;
Ainsi conquis des droits à l'éternel amour ;
Ainsi, parmi les saints, rare et vaillante race.
Pris son rang, pour briller, quand Dieu tiendra sa cour.

Nous la reconnaîtrons à sa blancheur de cygne :
Elle aura conservé sa jeunesse de cœur ;
Et les anges des cieux s'écriront : « Elle est digne !
« Vierge, d'aller partout où va l'Agneau vainqueur ! »

O père ! ô mère ! ô vous qui renaissiez en elle,
Et qui ne vivez plus qu'avec elle au tombeau !
Compagnes de ses jeux ! et vous, ami fidèle !
Vous lui serez plus chers dans le siècle nouveau.

Je ne l'ai pas connu, cet ange de la terre,
Avant le coup fatal qui vous a foudroyés :
Je mêle néanmoins mon regret solitaire
Aux profondes douleurs où vos cœurs sont noyés.

De loin, j'ai trop compris, trop senti votre peine,
Pour me croire indiscret ou sembler étranger.
Tenter de consoler, c'est témérité vaine :
Mais la croix est pesante et j'aide à l'alléger.

Assez d'indifférents cheminent sur la route ;
Assez d'esprits mal faits mordent à chaque pas ;
Assez de cœurs de marbre ignorent ce que coûte
Un pareil sacrifice aux justes d'ici-bas !

HENRI BELLOT.

Bordeaux, imp. de J. Delmas, rue Sainte-Catherine, 133.